DÉVASTATION DE L'ALBIGEOIS

PAR LES

COMPAGNIES DE MONTLUC

EN 1537

CHRONIQUES

TIRÉES

DES ARCHIVES COMMUNALES DE LA VILLE D'ALBI

PUBLIÉES ET ANNOTÉES

PAR

ÉMILE JOLIBOIS

ARCHIVISTE DU TARN.

ALBI
IMPRIMERIE ERNEST DESRUE
1872

DÉVASTATION DE L'ALBIGEOIS

PAR LES

COMPAGNIES DE MONTLUC

EN 1537.

Les chroniques que nous publions sont inédites.

Il s'agit du passage des compagnies de Blaise Montluc dans l'Albigeois et des brigandages de toute sorte qu'elles y ont exercés.

Il n'y aurait rien d'étonnant qu'une part de responsabilité retombât sur le chef de ces compagnies, qui a mérité par sa cruauté le nom de *Boucher royaliste;* mais il fut complétement étranger à ces brigandages, et *tout l'honneur* en revient à son jeune frère Joachim.

Blaise Montluc venait de lever deux compagnies en Gascogne pour aller en Piémont au secours de Turin. Il avait pour lieutenant le capitaine Mérens.

Arrivé à Toulouse, il prit la poste, afin de pouvoir rejoindre plus tôt le grand maître à Lyon, et laissa ses compagnies à son lieutenant; mais il n'arriva pas à temps, et le roi lui ordonna d'aller rejoindre ses compagnies et de se rendre avec d'Ambres là où Chavigny leur commanderait. C'est ici que doit se placer l'aventure de l'Albigeois, et voici ce qu'en dit Montluc dans ses *Commentaires* :

« Estant moy à Marseille, feuz averty que mes deux compaignies c'estoinct débandées. Et, comme l'ambition du monde est grande, mon frère, monsieur de Lioux, manda à mon lieutennent qu'il l'attandist, temporizant par le pays, et qu'il rassembloict une compaignie, et soubz ombre des deux miennes, il marcheroict. Mon lieutennent mal advisé s'y accorda, non obstant la promesse qu'il m'avaict faicte de fere cinq lieues le jour. Et comme mon dict lieutennent eust laissé le grand chemin et torné devers Albigeois pour temporizer, se rendist devant une ville nommée l'Isle, où les habitans d'icelle luy reffuzarent les portes ; que feust cause qu'il y donna l'assault et l'en emporta. Mondict frère, qui estoict à une journée de luy avecques sa trouppe, n'y sceut arriver que cella ne feust fait. Et, après quilz eurent saccagé ladicte ville, ilz eurent si grand craincte de marcher que tous se desbandarent. Ung chef ne doict guières abandonner sa trouppe, si ce n'est par grande occasion. Le désir que j'avois d'estre des premiers me fit quitter la mienne ; ce qui feust cause de ce désordre. Et feuz contrainct de redresser deux aultres compaignies en Provence (1). »

D'après ce récit, l'aventure n'aurait rien de bien extraordinaire pour l'époque, et l'auteur a soin de disculper son frère; mais nous verrons que les compagnies ne se sont pas contentées du sac de Lisle, qu'elles ont traversé tout l'Albigeois en pillant, et qu'alors Montluc le jeune était à leur tête.

Les Montluc dont il est ici question étaient fils de François de Lasseran de Massencome, seigneur de Montluc. Blaise, l'aîné, fit une guerre terrible aux calvinistes et reçut de Henri III le bâton de maréchal de France; mais une affreuse blessure qu'il avait reçue au visage pendant le siége de Rabastens (2), en 1570, l'obligeait de porter toujours un masque. « Il eut deux frères, dit Brantôme, l'un, M. de Lyoux, qu'on appelloit le jeune Montluc, qui fut aussi un brave gentilhomme et fort habile. Mais qui l'a esté plus que les deux frères, — ça esté M. l'évesque de Valence, fin, délié, trinquat, rompu et corrompu autant pour son savoir que pour sa pratique (3). »

Jean de Montluc, évêque de Valence, est surtout

---

(1) *Commentaires*, édition de la *Société de l'Histoire de France*, tome I, page 129.

(2) *Rabastens*, diocèse de Tarbes, aujourd'hui chef-lieu de canton des Hautes-Pyrénées, et non Rabastens du Tarn, comme le veulent plusieurs commentateurs.

(3) Brantôme, tome IV, page 45, édit. de la *Société de l'Histoire de France*.

célèbre par les nombreuses ambassades qu'il remplit dans les différentes cours de l'Europe ; il se maria clandestinement et eut un fils naturel, Jean, mort en 1603, qui fonda la branche des seigneurs et marquis de Balagny. Ce Balagny avait épousé en premières noces Françoise d'Amboise, fille de Jacques, seigneur de Bussi, et de Catherine de Beauvau ; il en eut plusieurs enfants, entre autres Jeanne, mariée à son cousin Charles de Clermont-d'Amboise, puis au président de Mesmes.

Mais nous n'avons à nous occuper ici que du jeune Montluc, Joachim, seigneur de Lioux. Il était le digne frère de ses deux aînés, et les hauts emplois, les dignités qui ont été accordés à ces gentilshommes nous donnent une bien triste idée de la société d'alors (1).

Un jour, le jeune Montluc rencontre le curé de Gimbrède (2). Il lui cherche querelle, le provoque en duel et, sur le refus du curé, il jure de le tuer à la première occasion. Joachim avait alors vingt ans à peine, et il avait réuni dans son château plusieurs gentilshommes d'armes et leurs serviteurs, gens de sac et de corde comme lui, qui étaient la

---

(1) François de Montluc avait épousé en premières noces Ameline de Trais et, en secondes noces, Françoise d'Estillac de Montdenard. Blaise et Jean étaient nés de la première femme, Joachim de la seconde.

(2) *Gimbrède*, canton de Miradoux, arrondissement de Lectoure (Gers).

terreur des environs. A quelque temps de là, il sort de son repaire avec ses gens « armés et enbastonnés de piques, gibelines, arquebuses, arbalètes, épées, rondelles et autres harnais de guerre », et se jette sur une métairie du voisinage, sous le prétexte d'y arrêter, par ordre, un sieur Simon Dubos qu'il n'y trouve pas. De là, il se rend dans une autre métairie, où il s'attable avec sa bande, en compagnie d'un prêtre nommé Pierre Trymelle. On boit, on joue, on cause, la conversation s'anime : — Frère Pierre, dit enfin Montluc, voulez-vous la cure de Gimbrède ? — Mais, Monseigneur, elle n'est pas libre; elle est possédée par le frère Georges Maves. — Que vous importe! on saura bien vous la livrer. — Messire Géraud Goulard et le curé sont-ils à Gimbrède ? — Oui, Monseigneur. — Par la mort Dieu! si je le trouve, je le tuerai ce champi maudit sans rémission, répond notre jeune seigneur. — En effet, la noble compagnie prit le chemin de Gimbrède; mais, à son approche, les habitants fermèrent les portes de la ville et barricadèrent leurs maisons. Montluc, furieux, ordonna l'assaut. — Les vilains, s'écriat-il, nous ont fermé leurs portes; mais par le sang, mort, cap et plague de Notre-Seigneur, nous aurons ce que nous demanderons, dussé-je mourir à la place ! — Les portes furent enfoncées et les maisons pillées. Celle du curé résista seule et repoussa l'assaut de l'ennemi, qui laissa un des siens sur le carreau. Il fallut battre en retraite; mais, le lendemain, à minuit,

Montluc revient avec plus nombreuse compagnie et, étant entré dans le village par escalade, il va droit cette fois à la maison de Goulard, qui était un chevalier de Saint-Jean de Jérusalem. Il force l'entrée et, pour obtenir les clefs des appartements, il fait mettre à la torture le serviteur du chevalier. La maison fut livrée au pillage; mais Goulard et son neveu Bernard s'échappèrent par une fenêtre qui donnait sur le jardin. Alors, nos forcenés se dirigent vers le presbytère. Arrivés au cimetière, ils en trouvent l'entrée défendue par deux serviteurs du chevalier Goulard : Pierre de Cardaillac et Guillaume de la Vère. Après une lutte acharnée, ces deux serviteurs restèrent prisonniers et furent garrottés. Plus loin, un autre défenseur du presbytère fut tué d'un coup d'estoc à travers le corps; mais l'alarme était donnée; tout le village était sur pied et les brigands durent battre en retraite. Ils se frayèrent un passage en brisant les portes de la ville et reprirent en désordre, mais chargés de butin, le chemin du château de Lioux.

Le curé de Gimbrède venait d'échapper pour la seconde fois à la fureur de Montluc. A quelque temps de là, il fut de nouveau attaqué par ce jeune seigneur sous les murs du château de Cuq; mais, cette fois encore, il lui échappa, grâce à la vaillance de son serviteur, qui laissa à l'ennemi son cheval et son arbalète.

Et le frère de Maves n'était pas seul en butte à

la férocité de Joachim Montluc, qui assaillit un jour un seigneur de la contrée et le laissa mourant sur le terrain. Alors la justice s'émut, et le juge-mage d'Agenais se mit en campagne; mais Montluc lui résista et le força de rentrer à Astaffort (1). Cité à comparaître en personne, il battit le sergent Grand-Jésus, porteur de la citation. C'est alors, après ces beaux exploits, qu'il alla rejoindre les compagnies de son frère et qu'il dévasta l'Albigeois.

C'était en 1537, au mois d'octobre. D'après un *mémoire*, que nous publions comme complément de la chronique rimée, les bandes de Montluc se présentèrent devant Lisle le 4 de ce mois. Elles restèrent assez longtemps entre Lisle et Gaillac, car c'est seulement le 24 que nous les retrouvons sous les murs d'Albi, d'où elles furent repoussées, laissant plusieurs des leurs entre les mains de la justice. Le lendemain, les fuyards pillaient Fréjairolles, Labastide, Dénat et Fauch, se dirigeant sur Réalmont; mais on avait armé contre eux; ils ne purent rien sur cette ville; poussés l'épée dans les reins, ils furent écrasés au bac de Saïx et noyés en grand nombre dans l'Agoût. Ici, nous nous abstenons des détails, car ils font l'objet du *mémoire* et de la *chronique* que nous publions.

On comprend la terreur que cette invasion répandit dans l'Albigeois. Les paysans abandonnaient la cam-

---

(1) Chef-lieu de canton de Lot-et-Garonne.

pagne et se réfugiaient dans les villes. Le 29, le conseil communal d'Albi se réunit et, sur la proposition du consul Bermond, il ordonna la réparation immédiate des fortifications de la ville et l'acquisition de 150 arbalètes, 50 arquebuses, 12 arquebuses à fourchette, 100 fers de pique et 100 hallebardes. Le riche marchand Sauvail se chargea de faire venir les armes d'Allemagne par Lyon, dans le délai d'un mois, moyennant deux sous par livre de bénéfice, et il prêta, moyennant un sou par livre, l'argent nécessaire pour la réparation des murailles.

Ces précautions étaient nécessaires, car ceux de nos aventuriers qui avaient échappé à l'écrasement de Saïx étaient restés dans le pays, épiant le moment de la vengeance, et une pièce que nous avons déjà publiée (1) prouve qu'ils y étaient encore cinq ans plus tard. C'est une supplique des diocésains d'Albi au gouverneur de la province, pour obtenir protection contre les *malvivans* qui couraient le pays et pillaient les campagnes. « Et encores, disent-ils, en y a de la compagnie de ceulx qui firent l'expédition à Lisle d'Aulbigeois, qui viennent autour du dit diocèse pour encores soy venger et domaiger les diocésains et habitans, combien que par leurs pilleries et estourcions les ayent tant affligés que sont contrainets à délaisser leurs labouraiges. » Ils demandent que toutes les villes closes, qui sont ruinées, soient

(1) *Annuaire du Tarn*, année 1862, page 233.

réparées sans retard ; que les blés soient mis en sûreté dans ces villes, et que les habitants puissent s'assembler en armes pour donner la chasse à ces pillards qui ruinent le pays.

Nulle part, dans les documents que nous publions, il n'est fait mention du jeune Montluc comme acteur dans ces actes de brigandage, et pourtant il y prit part; il l'a reconnu lui-même, tout en prétendant qu'il n'était pas à l'attaque de Lisle, et nous avons d'ailleurs un témoignage contemporain, celui de Faurin : « Montluc, dit-il, dont la compagnie ravagea les environs de Lisle-lez-Gaillac, en octobre 1537, ayant pris la chartreuse de Saïx et voulant se sauver, passa heureusement la rivière ; mais sa troupe s'y noya. Un grand seigneur tournoyé de chaînes d'or à son col, y périt comme les autres (1). » Mais quel écrivain aurait osé seulement blâmer le noble seigneur dont les frères occupaient de si hautes charges dans l'Etat !

Ainsi, Joachim de Montluc, plus heureux que ses compagnons, put rentrer sain et sauf dans son château. Cependant la justice était saisie, et il avait encore à répondre de l'assassinat d'un nommé Laguiraude de Layrac, qu'il avait tué d'un coup d'épée,

---

(1) *Journal sur les guerres de Castres*, pages 2 et 33, dans les *Pièces fugitives* du marquis d'Aubais, tome III. Il est à remarquer que Faurin est le seul chroniqueur qui fasse mention du pillage de Lisle, dont aucun historien, pas même dom Vaissète, n'a parlé.

dans un certain débat. Condamné par contumace, il se cacha.

Toutefois, notre aventurier ne resta pas longtemps sous le coup de cette condamnation capitale.

Le dimanche 14 juillet 1538, l'empereur Charles V débarquait à Aigues-Mortes ; le lendemain 15, il eut une entrevue avec le roi François Ier, qui lui dit en l'abordant : « Mon frère, je veux que vous croyez que je veux et entends que, au pays auquel vous êtes de présent, vous y avez autant de puissance que si vous estiez en votre pays d'Espagne ou de Flandres, et que ce que luy commanderez soyez obéi comme moy-même ; et, en signe de ce, voilà ce que je vous donne. » — Et il lui présenta un diamant (1). C'était donner à Charles V le droit de grâce. Joachim Montluc jugea le moment favorable ; il se constitua prisonnier, présenta sa requête, dans laquelle il avoua, comme nous l'avons dit, sa participation au pillage de l'Albigeois, et l'empereur, le jour même de son départ, le 16 juillet, signa des lettres de grâce en faveur du noble bandit (2).

« Charles, par la divine clémence empereur des

---

(1) *Histoire générale du Languedoc*, par dom Vaissète. Tome V, aux preuves.

(2) Nous regrettons de ne pouvoir donner le texte original de ces lettres de rémission ; mais la copie qui en a été retrouvée dans les archives communales d'Albi (série FF., art. 91.), et qui est celle signifiée aux consuls de Lisle, est l'œuvre d'un copiste par trop maladroit.

Romains, toujours Auguste, roi de Germanie, de de Castille, de Léon, de Grenade, etc., etc... (*Suit une page de titres*.)... A tous présents et à venir, salut : Comme à notre retour par mer du lieu de Nice, où par l'enhortement de notre Très-Saint-Père le Pape, tant nous que notre très-cher et très-amé beau-frère, nous étions assemblés avec grand nombre de princes et seigneurs, tant d'une part que d'autre, pour le fait de la paix, nous ayons fait descente en la ville d'Aigues-Mortes pour nous conseiller, et visiter notre très-cher et très-amé beau-frère le roi et notre très-chère et très-amée sœur germaine, son épouse; auquel lieu certains personnages, sujets de notre très-cher et très-amé beau-frère, qui s'étaient rendus prisonniers ès prison dudit Aigues-Mortes, espérant pour la solennité de notre dite descente et visitation avoir grâce et miséricorde de notre beau-frère des cas et crimes par eux commis, nous aient présenté plusieurs supplications et requêtes pour en faire remontrance à notre dit beau-frère, lequel par ses lettres patentes nous ait délaissé le total pouvoir de lever, quitter, remettre et pardonner les cas et crimes par eux commis ; duquel nombre desdits personnages prisonniers lors de notre dite descente en ladite ville d'Aigues-Mortes, était Joachim de Massencome, autrement dit de Montluc, écuyer, homme d'armes, âgé de vingt et deux ans ou environ, lequel nous ait présenté son humble supplication et requête...... »

Suit l'exposé des faits que nous venons d'analyser,

et ensuite : «... Savoir faisons que nous, désirant miséricorde préférer à rigueur de justice, usant, pour la solennité de notre dite descente, du pouvoir qu'il a plu à notre beau-frère nous délaisser, audit suppliant avons remis quitté et pardonné et, par la teneur de ces présentes, remettons, quittons et pardonnons les cas et faits dessus déclarés, avec toutes peines, offenses et amendes, corporelles, criminelles et civiles, en quoi, pour occasion d'iceux, y pourrait être encouru envers notre dit beau-frère et justice, et l'avons remis et restitué, remettons et restituons à sa bonne fame et à ses biens non confisqués, satisfaction faite à partie, civilement tant seulement, en mettant au néant tous défauts, appeaux, ajournements, précédent jugement, bannissement et tout ce généralement que pour occasion desdits cas s'en serait contre lui ensuivi, et sur ce imposons silence perpétuel au procureur du roi notre dit beau-frère et tous autres. Si donnons en mandement..... Et afin que ce soit chose ferme et stable, à toujours, nous avons fait mettre notre scel à ces présentes, sauf en autres choses le droit du Roi notre beau-frère et autrui et toutes. Donné à Aigues-Mortes, le seizième jour de juillet l'an de grâce mil cinq cent trente huit et de nos règnes, à savoir, du Saint-Empire et des Espagnes, des Deux-Siciles et autres, le vingt et quatrième. »

Joachim de Montluc était libre désormais. Ses complices avaient été ou noyés, ou pendus, ou décapités; lui en fut quitte pour un jour ou deux de prison volontaire. Il se rendit de suite dans son castel de Lioux et se mit en mesure de faire entériner ses lettres de grâce. Ajournement fut donné par les sénéchaux d'Agen et de Toulouse à toutes victimes ou à leurs ayants cause : au curé de Gimbrède, au chevalier Goulard, à Pierre de Cardaillac, à Guillaume de la Vère, aux parents de Caves, qui avait été tué à la défense du presbytère ; au Grand-Jésus, aux syndics des communautés de Gimbrède, de Gaillac et de Lisle ; à Géraud de Layrac et autres, à comparaître pour voir l'entérinement desdites lettres de grâce, abolition, rémission et pardon. Les lettres d'ajournement furent signifiées pour la dernière fois le 11 juin 1539 aux consuls de Lisle, par un huissier de Romieu, avec injonction de comparaître vingt jours après l'exploit. Les consuls Jean Boisset et Antoine Bertrand protestèrent, disant qu'ils ne pouvaient être distraits de leur ressort ; que d'ailleurs « cette grâce ne pouvait être entérinée, en ce qu'elle était inique, subreptice, obreptice et taisant les principaux maux, délits et forfaits, tout ainsi qu'ils feront apparaître aux lieu et temps (1). » Cette protestation, comme on le pense bien, resta sans effet, les lettres furent entérinées et le jeune Montluc ne perdit rien des faveurs de la cour. En 1554, M. de Lioux commandait une compagnie ; il était à la

(1) Archives communales d'Albi, FF. 91.

défense de Boulogne, où se distingua son frère Blaise.
En 1553, il avait succédé à ce dernier dans le gouvernement d'Albe, malgré l'opposition de Brissac;
mais, sur les instances de Blaise de Montluc et de
M. de Valence, le Roi l'imposa au maréchal. Les
lettres de remercîments du nouveau gouverneur au
Roi et au connétable sont datées d'Agen, le 22 mars.
Il resta quelques années en Piémont, où il perdit,
en 1558, le fils unique qu'il avait eu de son mariage
avec une demoiselle de Fages. En 1562, Lioux
servait contre les protestants en Languedoc : il était
à Fumel lors de l'exécution de ceux qui avaient tué
le seigneur de ce lieu. Enfin, lorsqu'il mourut, en
1567, il était prince de Chabannais, par acquisition
de cette seigneurie; chevalier de l'ordre du roi et
gentilhomme ordinaire de sa chambre. Il laissa par
testament le Chabannais à son frère Blaise.

Il nous reste à rechercher quels sont les auteurs
des deux documents qu'on va lire. Pour le premier,
il ne peut y avoir de doute : tiré d'un registre des
délibérations du conseil de la commune d'Albi (1),
il est l'œuvre du secrétaire. Tout nous fait présumer
que le second, la chronique rimée, extrait du cartulaire municipal (2), est l'œuvre de Pierre Bordet,
qui était alors le *scriptor* des consuls et qui traduisait *du vieux barbare* (du roman) en français

1) Archives communales d'Albi, BB. 22.
2) Archives communales d'Albi, AA. 5.

les chartes de la commune. Il était poëte et peintre en même temps, car il a enrichi d'un panégyrique en vers latins un livre publié à Albi, chez Jean Ricard, en 1534, et il a peint les miniatures du cinquième volume du cartulaire municipal où se trouve notre chronique.

MEMORIA

los que forqn justiciatz estans de la companhia de Monsieur de Montluc en agianes (1) dedins la cieutat dalby.

Lan mil cinq cens trente sept, lo quatreime jour del mes doctobre, los habitans de la cieutat dalby certiffcatz que tota la companhia del capetany apelat monsieur de Montluc eron intrada a la yla dalbiges (2), per forssa, estans en nombre de plus de tres mile.

La quale companhia intrada que force aneron alas gleysas pilhar, prene homes et famas, per forssa, los far ranssonar et de las famas et filhas en far a son plasir, pilhar las maysos et en prenian so que el ses volian. Et non contens de far las insolensas, pilharias, ravissemens, sacraleges et autras desordres al paure poble, sen aneron alor mayson comune de la yla, prengron los libres, dons del Rey aels faictz, sageletz et acotratz in forma probante, lors privilieges et

(1) Agenais.
(2) D'Albigeois.

libertatz et autres papiers et instrumens et documens, enporteron los bancz et archivaux delad. mayson a la plassa publice, una am lors privilieges, documens et autres instrumens sagelatz del sagel del Rey nostre souueran senhor, libres et papiers, et en lad. plassa ho aneron tot brular; et en intran ald. la yla, brulant lors privileges et autres documens de lor mayson comune, los de lad. companhia cridavan a haulte vox. « *Viva, viva Espanhia,* » plusors vegadas rayteran lasd. paraulas. Et fact so dessus, lad. companhia se assemblec et se meron en camy, vengron davant la vila de Galhac, cuydant far coma à la yla ; mes los habitans de Galhac, et aussi del castel delhom, se meron en deffensa lo melhor que pogron ; mes a la fy los de Galhac ald. capitany composero la soma de dos cens escutz sol, incontinent pagatz. Lod. pagament fact, lad. companhia se mes en ordre et aneron passar lo port de Marsac. Lo capitany apelat poton sive folrie fes ransonar los consulz deld. Marsac detz lievras t., oultra et part la manjalha que y feron. Et deld. Marsac lad. companhia sen aneron lougiar a la bastida de Monsieur dalby, Denat et aussi Frejairolas, volens donar lassault alloc de Realmont et lo anichilar si elses aguesson pogut. Alcuns de lad. banda, portans los layronisses a vendre, eguaretz de la companhia, vengron en Alby et aussi près dalby. La justicia et habitans dalby se saysegron delses et los constitugron prisoniers, desquels los noms et surnoms sensegon, premyerement.

Arnaut de Carratz dit Papau, tr. (1).

---

(1) Il y a à la suite des noms une lettre abréviative dont nous n'avions pas compris la signification à la première lecture; mais, en étudiant d'autres documents, notamment la chronique rimée, nous avons acquis la conviction que ces lettres indiquent : *Tr.,* que le coupable a eu la tête tranchée; *p.,* qu'il a été pendu; *f.,* qu'il a été fustigé et banni.

Pierres de la Claverie dit Fra Thomas, tr.
Guillaumes Deupoy, p. (1).
Guillaume Frayssineto, p.
Jehan de Cornat, p.
Anthoine de Puyfort, p.
Jehan Lafite, p.
Gelis Durfort, p.
Jehan Brossa, p.
Bartholomy Ferrerol, p.
Guillaumes de Condom, p.
Marsal Dambiers, p.
Jehan Cornus dit Lemain, p.
Rollet du Pont, f.
Me Bertrand de Lago, f.
Vidal Sarrade, point copp. tr. (2).
Pierre Lepros, f.
Pierre Sanchier, f.
Pierre Rondareau, f.
Servot Daubedan, f.
Guillaumes Ganbarrochie, f.
Bartholomy Gardela, f.
Menjon Danjon, f.
Anthoine Viguier, mort (3).
Pierre Brossalh, f.
Jehan du Puy, p.
Rollet du Pont, f.
Martin Noé, f.
Francois Marde, f.
Sanson Desperous, f.
Jehan Rossel, f.
Noble Pierre de Durfort dit Bron (4).
Noble Pierre de Patras dit Chanpichot, tr.

(1) Dupuy.
(2) On lui coupa le poing avant de le décapiter.
(3) Il était probablement mort en prison.
(4) Durfort devait être décapité; mais très-probablement il était contumax.

Losd. surnommatz foron menetz à la Berbia et aussi y foron constituatz prisoniers et faictz lors processes, contra :
Jehan Gardela, p.
Jehan, Perier, tenaillat, tr. (1).
Michael Martin, p.
Bernard Bruchaut, f.
De Realmont foron admenatz Alby, per los de Realmont et mes alsd. prisons :
Johan Vinhaulx, tr.
M⁰ Guillaume Faba dit Mossieur Folze, p.
Pascau de Cambas, f.
Anthoine Boccard, f.
Los habitans de Castras en meueron prisoniers Alby et foron meses a la Berbia :
Jehan du Poy dict Poton de Lavardac, p.
Pierre Dessus, p.
Rigon de la Fauria, p.
Ramond Agressol, p.

Losquals malfactors et inimicz de la cause publice non agueron leser de venir alor entreprinsa de meetre a sac lod. loc de Realmont, car los habitans de la cieutat dalby et locz circunvesis doneron la cassa anaquelses que eron lotgiatz asd. locz de la Bastida, Denat et Fréjairolas, et los bayleron la cassa jusquas al port de Says (2), pres de Castras, car los garderon bien que non agueron point de leser de pilhar lo poble, ne manjar la pola, ny venir ala intreprisa que volian far.

Mestres Alexandre Roquas, licencié en loys, Hugues Pichons, lieutenant de Monsieur lo preuost des mareschaulx contra alcuns de lad. companhia et meses a la Berbia, jusques al nombre de quarante tres (3),

---

(1) L'un des deux chapelains, celui qui fut tenaillé et eut le poing coupé.
(2) Saix sur l'Agoût.
(3) Il y a quarante-cinq inscrits; mais Viguier était mort et Pierre Durfort n'était pas encore exécuté.

tant escapitatz, pendutz, fustigatz et baniatz dalby, lor feron lors processes et doneron las sentences, et y en avia dos capelas losqualz foron pendutz, et ung tenalhat (1) et menat sur une carrete per la vila dalby, brulat son ponh, perso que avia cremadas et mesas al foc las armas del Rey ald. Lyla, et puys mes a quatre cartics et lo durono que es estat decolat ung apelat Pierre de Durfort dit Barjamont bastard, et qui aytal fara aytal perira (2).

Annale faicte pour Alby,
L'an mil cinq cens et trente sept,
Qu'on ne doibt pas mettre en oubly,
Car c'est chose que chascun scet.

Lan mil cinq cens sept dessus trente,
Finissant deux mains de quarante,
Les vignes gelèrent en France,
Dont lo vin fist si grant souffrance,
Dedans Alby et aultres lieux,
Que ceulx là estoyent bien ioyeux,
Qui pour argent en pouoyent boire.
Et n'ya homme de mémoire,
Qui onques vist plus grand diluge,
De quoy chascun poult estre iuge,

(1) Iehan Périer.
(2) Cette phrase est, d'après le manuscrit du dominicain Guillaume Pelisse, le cri que le trompette proclamait, après les fanfares d'usage, au pied des bûchers de l'inquisition, ou quand les cadavres des hérétiques déterrés étaient traînés par les rues.

Car pour faire chère notable,
Les eaulx montèrent sur la table
Si hault, que ceulx du puy sainct George (1)
Estoyent en eau iusque à la gorge;
Tant que chascun, en son degré,
En beut son saoul bongré maulgré.
Iamais ne fut le cas semblable.

La guerre estoit partout grevable ;
Au monde y eut beaucoup d'affères,
Par le débat de deux beaulx frères.
L'ung roy françois, laultre d'Espaigne (2);
Par lesquelz, en ville et champaigne,
Moururent ie ne sçay combien
De bons seigneurs et gens de bien.

Ce voyant homme de renom,
Le pape Paul, tiers de ce nom (3),
En despit des contredisans,
Leur fist jurer paix pour dix ans (4),
Comme bon père, en tout préfix,
Doibt maintenir en paix ses filz.
Vng peu après, en Aigues-Mortes,
Lon confirma les paix plus fortes,
Par lassemblée des deux princes,
Et maintz seigneurs de leurs provinces,
Là où ilz firent, ce me semble,
Gros banquet et grand chère ensemble,

(1) Montagne isolée au N. E. d'Albi, sur la limite des communes de Saussenac et Andouque, à 506 m. d'altitude. On n'y trouve plus qu'une église en ruines, autrefois fortifiée.
(2) Le roi de France François Ier et l'empereur Charles V.
(3) Le pape Paul III régna de 1534 à 1549.
(4) Trêve de Nice, en 1538.

Traictans la paix perpétuelle,
Pour avoir paix spirituelle,
Qui nous est bien nécessité.
 Lors dans Alby, noble cité,
Et aultres lieux, eut tant de maulx,
D'emprumptz et tourmens énormaulx,
Que le plus seur fut estourdy.
 Premier consul fut Bermondy,
Licentié en chascun droict ;
Puys Iehan Boissière, en son endroict.
Iehan Crozat et Michel Chabbert,
Et pays, à tous le cueur ouuert,
Qui fist son bancquect le jeudy.
Ce fut maistre Jehan Geofredy,
Notaire, consul cinquiesme ;
Marcial Madern le sixiesme,
Qui consulz ensemble, tous six,
Par bon conseil et sens rassis,
Auecques diligence habile,
Gouuernèrent si bien la ville
Que la dignité consulaire
Fut aymée du populaire,
Des seigneurs, bourgeoys et marchans.
 En ce temps là courut sur champs
Grand troupe de mauluais garçons,
Perigordins et de Gascons,
Joueurs d'harpe au rebours du luc,
Dessoubz la charge de Monluc (1),

---

(1) Il y avait les deux compagnies de Blaise Montluc et celle de Joachim, dit *M. de Lioux*, son frère.

Galaffre, Bruget et Merains (1),
D'Agen, Marmande et de Tonnains.
Auecq ung tas de Xaintongeois,
Qui prindrent Lisle d'Albigeois,
Comme gens de corde et de sac;
Et si la mirent toute à sacq,
Cryant assault ville gaignée.
Jamais ne fut telle mesgnée.
Car non contens dauoir pillé,
Rançonné, raui, gouspillé,
Ilz entrèrent par les maisons
Et prindrent liures de raisons
Des marchans, bourgeois et drapiers.
Et bruslèrent tous les papiers,
Priuilèges et documens,
Auecques tous les instrumens
Quilz trouuèrent en desarroy,
Nonobstans tous les seaulx du Roy,
Fust Loys, Charles ou Francois,
Et combien quilz fussent françois.
Plusieurs y eut de leur compaigne,
Lesquelz crièrent uiue Espaigne,
Comme meschans traistres larrons,
Pires que dyables et fourrons.
Or et argent et ustancilles
Ils prindrent tout, femmes et filles,
Et en firent tout à leur guyse,
Et puys entrèrent dans l'église,

(1) Chefs des compagnies de Blaise Montluc; celui-ci, qui était alors absent, avait choisi pour lieutenant le capitaine Merens, qui commandait.

Comme hérétiques sacrilèges,
Et bruslèrent les privilèges;
Prindrent calices et reliques;
Puys rompoyent pippes et barriques.
En blasphémant lhonneur diuin,
Et respanchèrent tout le vin
Qui demouroit, et aux pourceaulx
Gectoyent le blé à plains boisseaulx.
Et si faisoyent pour grosses sommes
Rançonner les membres des hommes.
Fust poure, riche ou terrien;
Dan Lisle ne laissèrent rien,
Et puys sen vont de belle nucyt.
Qui faict péché, péché luy nuyst.
   Gaillac fina deux cens escuz;
Car s'ilz les eussent faictz coculz,
Ilz eussent esté bien marriz;
Et mesmement ceulx des barriz
Ny eussent pas sçeu résister.
   Ces gens mauldictz, pour persister
A leur diabolique entreprise,
Se pensoyent faire une surprise
De la présent cité d'Alby,
Si Dieu nous eust mis en oubly;
Mais leur conseil fut mal compris.
Car eulx mesmes furent surpris.
Nonobstant quilz fussent trois mille.
Les compaignons de ceste ville
Les chassèrent par tel excès
Quil s'en noya au port de Ses,
Plus de six vingtz bien empeschez
Dauant quilz fussent tous peschez.

Oultre lesquelz, au nombre deulz
En furent mains cinquante deux,
Desquelz les sept plus apparans
Firent honneur à leurs parens
De leur teste sur un poulteau,
Comme gens aptes au coulteau;
Et quinze ausquelz miséricorde
Leur donna à chascun sa corde,
Pour prendre le gybet dassault;
Puys dix huyct, qui de plein sault
Firent tant oultre leur souhait
Quilz eurent cent coups de fouet,
Oultre ceulx quon ne compte point.

Et furent payez en ce poinct,
Selon lexigence du cas,
Par le conseil des aduocas,
Tesmoing maistre Alixandre Roques,
Qui ny fist pas reigle de troques,
Ains à la mort et à la vie
Leur fist reigle de compagnie,
Comme lieutenant du préuost.
Maistre Hugues pichon vint trop tost
Pour les secourir au besoing,
Car pour ce quilz estoyent de loing
Ilz furent tost executez.

Touchant les sept descapitez,
Affin que leurs noms vous enseigne,
Le premier fut le porte enseigne
Qui se faisoit nommer papal,
Dauant qu'il fust episcopal.
Touteffoiz, sa noble personne
Fist tant, qu'il receut la couronne

Aussy rouge qu'ung cardinal.
Le fourrier, maistre Jehan Vignal,
En eut autant pour pénitence,
Lequel fist belle repentence.
Puys, frère Thomas fut le tiers,
Qui fut mis à quatre quartiers,
Par trop auoir porte lespée,
Car il eut la teste coupée,
Dont il sortit du vermillon.
Paschal, lè consul dAiguillon,
Perdit le moulle du bonnet.
  Et puys, Guilhaume Fraixinet
Fut pendu, et le mareschal
Des logis, qui estoit bel homme,
Estranglé fut, lequel se nomme
Iehan et Poton de Lavardac.
Le iour d'auant Iehan de Cornac
Fut hault pendu, deuers le soir.
Le bourreau ne fist pas asseoir
Ses compaignons au plus hault bout.
Car ilz couchèrent tous debout,
Despuys le soir iusque au matin.
Et encores Michel Martin
Ne uouloit pas estre pendu,
Car uouluntiers eust despendu
Tout son bien pour en estre quicte ;
Aussy eust bien Iehan de la Fyte,
Iehan Cornus et aussy Iehan Brousse.
Marcial Daubiers nestoit pas mousse.
Et on le fist suyuir après.
Guilhaulmes Du Puy fut au près.

De Bartholomy Ferrérol.
Le poure Remond Aigressol
Eut belle paeurs, et non sans cause,
Car qui mal faict sa mort en cause,
En grand peril dauoir pardon.
Ad ce Guilhaulme de Condom
Fut apellé, sans nul appuy,
Qui fut pendu près Iehan Du Puy,
Avecq Guilhaulme de Puyfort.
Aussi fut bien Giles Dufort,
Qui ne fut pas hault exalté,
Par autant qu'il auoit saulté
Du hault en bas : de mort cruelle
Il mourut au pié de leschelle.
Où il y eut beaucoup d'affaire.
Si le peuple l'eust laissé faire
Il s'en fust allé uouluntiers.
Gros bruyt y eut de tous quartiers,
Tant que le bourreau s'en fouyt
Pour ung tumulte qu'il ouyt
Que l'on menoit par les carrières
A l'appétit des revendières,
Qui auoyent lasché le tracquet
De leur moulin à gros cacquet,
Comme de paeur mal informées,
Car les portes estoyent fermées
Et l'on cryoit à mont et val.

Quelque lourdault vint à cheval,
Avecq un chappeau emplumé,
Qui cuyda bien estre plumé
Et de son corps en gros danger,
Pour ce qu'il estoit estranger

On en fist quelque urnautmont.
  Les compaignons de Réalmont
Vindrent ung soir, en poinct et armes;
Lon cuydoit que fussent gendarmes
Qui fust assez mal espié,
Car, s'ilz n'eussent gaigné au pié,
Ilz eussent eu mal aduenture,
Car le peuple, de sa nature,
En ce cas fut bien tost esmeu
Et de bon sens troublé et meu;
Et ne fut rien à la parfin.
  Iehan Périer fut mis à sa fin
Le beau iour de sainte Cécile,
Et tenaillé parmy la ville,
Comme faulx, traistre, eschariot,
Ceulx qui menoyent le charriot
Eurent grand paeur d'estre de feste,
Quant luy virent trancher la teste :
Le plus sain d'eulz estoyt malade.
  Et, là mesmes, Vidal Serrade
Perdit le poing et, luy vivant,
On le luy mist au feu, dauant
Ses propres yeulx, par tel effect
Quil fust puny de son meffect,
Comme faulx, traistre, desloyal.
Qui le feu mist au seau royal.
On luy fist la teste trancher,
Et puys ses membres attacher
En quatre pars, et mis au vent.

ALBI. — IMPRIMERIE ERNEST DESRUE.

www.ingramcontent.com/pod-product-compliance
Lightning Source LLC
Chambersburg PA
CBHW060912050426
42453CB00010B/1672